국민건강보험공단

기출동형 모의고사

제 2 회	영 역	직업기초능력평가, 직무시험(노인장기요양보험법)
	문항수	80문항
	시 간	90분
	비 고	객관식 4지선다형

SEOWONGAK
(주)서원각

제2회 기출동형 모의고사

✏️ **직업기초능력평가**

1. 다음 글에서 형식이가 의사소통능력을 향상시키기 위해 노력한 것으로 옳지 않은 것은?

○○기업에 다니는 형식이는 평소 자기주장이 강하고 남의 말을 잘 듣지 않는다. 오늘도 그는 같은 팀 동료들과 새로운 프로젝트를 위한 회의에서 자신의 의견만을 고집하다가 결국 일부 팀 동료들이 자리를 박차고 나가 마무리를 짓지 못했다. 이로 인해 형식은 팀 내에서 은근히 따돌림을 당했고 자신의 행동에 잘못이 있음을 깨달았다. 그 후 그는 서점에서 다양한 의사소통과 관련된 책을 읽으면서 조금씩 자신의 단점을 고쳐 나가기로 했다. 먼저 그는 자신이 너무 자기주장만을 내세운다고 생각하고 이를 절제하기 위해 꼭 하고 싶은 말만 간단명료하게 하기로 마음먹었다. 그리고 말을 할 때에도 상대방의 입장에서 먼저 생각하고 상대방을 배려하는 마음을 가지려고 노력하였다. 또한 남의 말을 잘 듣기 위해 중요한 내용은 메모하는 습관을 들이고 상대방이 말할 때 적절하게 반응을 보였다. 이렇게 6개월을 꾸준히 노력하자 등을 돌렸던 팀 동료들도 그의 노력에 감탄하며 다시 마음을 열기 시작했고 이후 그의 팀은 중요한 프로젝트를 성공적으로 해내 팀원 전원이 한 직급씩 승진을 하게 되었다.

① 메모하기   ② 배려하기
③ 시선공유   ④ 반응하기

2. 다음 글에 제시된 의사소통의 방법 중 문서적 의사소통에 해당하지 않는 것은?

글로벌 무역 회사에서 근무하는 김 씨는 오전부터 밀려드는 업무에 정신이 없다. 오늘 독일의 거래처에서 보내온 수하물 컨테이너 수취확인서를 보내야 하고, 운송장을 작성해야 하는 일이 꼬여 국제전화로 걸려오는 수취확인 문의전화와 다른 거래처의 클레임을 받느라 전화도 불이 난다. 어제 오후 퇴근하기 전 박 대리에게 운송장을 영문으로 작성해 김 씨에게 줄 것을 메모하여 책상 위에 올려놓고 갔는데 박 대리가 못 본 모양이다. 아침에 다시 한 번 이야기했는데 박 대리는 엉뚱한 주문서를 작성해놓고 말았다. 그래서 다시 박 대리에게 클레임 관련 메일을 보내 놓았다. 오후 회의에서 발표할 주간 업무보고서를 작성해야 하는데 시간이 빠듯해서 큰일이다. 하지만 하늘은 스스로 돕는 자를 돕는다는 마음으로 김 씨는 차근차근 업무정리를 시작하였다.

① 수취확인서 발송   ② 업무지시 메모
③ 영문 운송장 작성   ④ 수취확인 문의전화

3. 다음의 글과 〈보기〉를 읽고 보인 반응으로 옳은 것은?

추론은 이미 제시된 명제인 전제를 토대로 다른 새로운 명제인 결론을 도출하는 사고 과정이다. 논리학에서는 어떤 추론의 전제가 참일 때 결론이 거짓일 가능성이 없으면 그 추론은 '타당하다'고 말한다. "서울은 강원도에 있다. 따라서 당신이 서울에 가면 강원도에 간 것이다."(추론1)라는 추론은, 전제가 참이라고 할 때 결론이 거짓이 되는 경우는 전혀 생각할 수 없으므로 타당하다. 반면에 "비가 오면 길이 젖는다. 길이 젖어있다. 따라서 비가 왔다."(추론2)라는 추론은 전제들이 참이라고 해도 결론이 반드시 참이 되지는 않으므로 타당하지 않은 추론이다. (추론1)의 전제는 실제에서는 물론 거짓이다. 그러나 혹시 행정구역이 개편되어 서울이 강원도에 속하게 되었다고 가정하면, (추론1)의 결론은 참일 수밖에 없다. 반면에 (추론2)는 결론이 실제로 참일 수는 있지만 반드시 참이 되는 것은 아니다. 다른 이유로 길이 젖는 경우를 얼마든지 상상할 수 있기 때문이다.

〈보기〉
• 타당하지 않지만 결론이 참일 가능성이 꽤 높은 추론을 '개연성이 높다'고 말한다.
• 추론이 타당하면서 전제가 모두 실제로 참이기까지 하면 그 추론은 '건전하다'고 정의한다.

① 솔지 : (추론1)은 타당하지 않은 추론이야.
② 승리 : (추론2)는 개연성이 낮네.
③ 소정 : (추론1)은 건전하지 않아.
④ 환희 : (추론2)는 건전하다고 할 수 있겠다.

각저총은 중국 길림성 집안현 여산에 있는 고구려시대의 벽화고분으로 1935년에 발견되어 일본인 등에 의해 조사되었다. 분구는 방대형으로 밑 둘레 한 변의 길이가 약 15m이고 묘실은 널길, 장방형의 앞방, 통로, 방형의 널방으로 이루어져 있다. ㉠특히 장군총은 그 규모가 태왕릉·천추총 다음으로 큰 최대형급인데다가 많은 적석무덤 중에서도 잘 다듬은 화강석으로 7층이나 되는 높이로 축조되었고 형체가 가장 잘 남아 있기 때문에 가장 유명하다. 천장 구조는 앞방은 단면 아치형 천장이고 널방은 네 벽 위에 두 단의 평행굄돌을 놓고 다시 그 위에 네 단의 삼각굄돌을 올려놓은 모줄임천장이다. ㉡벽화는 앞방과 널방의 네 벽과 천장에 인물풍속도가 그려져 있는데 배치상태를 보면 앞방과 통로에는 나무와 맹견이 그려져 있고 널방 네 벽 가운데 북벽에는 주인의 실내생활도가, 동벽에는 씨름 그림과 부엌 그림이, 서벽에는 수레와 나무가, 남벽에는 나무가 그려져 있다. 네 벽의 벽화는 무용총의 벽화와 같이 피장자의 생전 생활을 취재한 것이며 필치도 거의 같다. 천장에는 해·달·별이 그려져 있고 불꽃무늬·초롱무늬로 장식되어 있으며 널방 네 벽 모서리에는 목조가옥 구조로 보이게 하기 위해 굽받침이 달린 주두·소루를 가진 나무기둥을 그렸다. 이 벽화고분을 각저총이라고 이름 지은 것은 널방 동벽 중앙으로부터 약간 오른쪽에 그려져 있는 씨름 그림에 의거한 것이다. ㉢이 벽화고분의 추정연대는 앞방이 장방형인 두방무덤이고 인물풍속도를 벽화내용으로 하고 있으며 감실이나 또는 곁간이 있는 벽화고분의 변형구조를 띠고 있는 것으로 보아 고구려시대 중에서도 늦은 시기의 것으로 생각된다. 또 벽화내용에 있어서도 주인공의 실내생활도가 서쪽 벽에 있는 인물풍속도 벽화고분보다 늦은 시기의 것이므로 5세기 말경으로 추정된다. ㉣그러나 이 고분의 벽화에는 사신도가 없는 만큼 감실 또는 곁간이 있는 벽화고분에 비해 연대가 그다지 늦을 수는 없다는 의견도 있어 축조연대를 안악1호분과 같은 4세기 말에서 5세기 초로 추정하는 견해도 있다.

4. 다음 중 옳지 않은 것은?

① 각저총에는 주로 인물풍속도나 실내생활도 그 밖에 피장자의 생전 생활모습 등이 그려져 있다.

② 각저총은 1935년 발견되어 일본인 등에 의해 조사되었는데 이 벽화고분에 있는 그림들 중 대표적인 것으로 사신도를 들 수 있다.

③ 각저총이란 이름이 붙여진 것은 이 고분에 그려진 그림에 의거한 것이다.

④ 각저총의 추정연대는 정확하게 밝혀지지 않아 학자들마다 5세기 말경이나 4세기 말에서 5세기 초로 추정하는 등 이견이 많다.

5. 다음 고구려 고분의 명칭들 중에서 윗글의 각저총과 그 성격이 같은 고분은?

① 천추총

② 쌍영총

③ 삼실총

④ 무용총

6. 윗글의 밑줄 친 ㉠~㉣ 중 내용상 흐름과 관련 없는 문장은?

① ㉠

② ㉡

③ ㉢

④ ㉣

7. 다음 글의 관점 A~C에 대한 평가로 적절한 것만을 고른 것은?

위험은 우리의 안전을 위태롭게 하는 실제 사건의 발생과 진행의 총체라고 할 수 있다. 위험에 대해 사람들이 취하는 태도에 대해서는 여러 관점이 존재한다.

관점 A에 따르면, 위험 요소들은 보편타당한 기준에 따라 계산 가능하고 예측 가능하기 때문에 객관적이고 중립적인 것으로 인식될 수 있다. 그 결과, 각각의 위험에 대해 개인이나 집단이 취하게 될 태도 역시 사고의 확률에 대한 객관적인 정보에 의해서만 결정된다. 하지만 이 관점은 객관적인 발생가능성이 높지 않은 위험을 민감하게 받아들이는 개인이나 사회가 있다는 것을 설명하지 못한다.

한편 관점 B는 위험에 대한 태도가 객관적인 요소뿐만 아니라 위험에 대한 주관적 인지와 평가에 의해 좌우된다고 본다. 예를 들어 위험이 발생할 객관적인 가능성은 크지 않더라도, 그 위험의 발생을 스스로 통제할 수 없는 경우에 사람들은 더욱 민감하게 반응한다. 그뿐만 아니라 위험을 야기하는 사건이 자신에게 생소한 것이어서 그에 대한 지식이 부족할수록 사람들은 그 사건을 더 위험한 것으로 인식하는 경향이 있다. 하지만 이것은 동일한 위험에 대해 서로 다른 문화와 가치관을 가지고 있는 사회 또는 집단들이 다른 태도를 보이는 이유를 설명하지 못한다.

이와 관련해 관점 C는 위험에 대한 태도가 개인의 심리적인 과정에 의해서만 결정되는 것이 아니라, 개인이 속한 집단의 문화적 배경에도 의존한다고 주장한다. 예를 들어 숙명론이 만연한 집단은 위험을 통제 밖의 일로 여겨 위험에 대해서 둔감한 태도를 보이게 되며, 구성원의 안전 문제를 다른 무엇보다도 우선시하는 집단은 그렇지 않은 집단보다 위험에 더 민감한 태도를 보이게 될 것이다.

㉠ 관점 A와 달리 관점 B는 위험에 대한 사람들의 태도가 객관적인 요소에 영향을 받지 않는다고 주장한다.

㉡ 관점 B와 관점 C는 사람들이 동일한 위험에 대해서 다른 태도를 보이는 사례를 설명할 수 있다.

㉢ 관점 A는 민주화 수준이 높은 사회일수록 사회 구성원들이 기후변화의 위험에 더 민감한 태도를 보인다는 것을 설명할 수 있지만, 관점 C는 그렇지 않다.

---

① ㉠
② ㉡
③ ㉠㉢
④ ㉠㉡㉢

8. 다음 중 ㉠에 해당하는 사례로 가장 적절한 것은?

존 폰 노이만(John von Neumann)은 순수 수학, 양자 물리학, 경제학 등을 연구하여 이 모든 분야에서 크게 성공을 거둔 천재 학자였다. 다방면에 관심을 두었던 노이만은 경제학과 관련하여 왈라스(Walras)의 일반 균형 이론을 접하면서 그 이론에 결함이 있음을 발견한다. 왈라스는 모든 경제적 요인은 서로 의존 관계에 있음을 전제로 하여 수요와 공급의 균형을 언급하였다. 노이만은 왈라스의 일반 균형 이론이 이론적으로 보면 완벽해 보이지만 현실 상황에 적용할 때에는 문제가 있다고 보았다. 실제로 경제에서 이루어지는 온갖 결정은 게임을 할 때 이루어지는 결정과 매우 유사하다. 경제라고 하는 큰 게임을 하는 경기자의 모든 결정에는 상대 선수가 어떻게 반응하느냐 하는 예상이 포함되어야 하는데 왈라스의 이론에는 그것이 빠져 있었던 것이다. 노이만은 슈테른과 함께 게임 이론을 발전시켰다. 크게 보면 게임에는 제로섬 게임과 비제로섬 게임이 있다. 두 경기자가 파이 하나를 놓고 다툴 때, 승자의 이익과 패자의 손실의 합계가 0이 되는 ㉠제로섬 게임에서는 한 경기자의 이익이 상대방의 손실로 이어지지만, 비제로섬 게임에서는 경기자들이 협력하느냐 않느냐에 따라 원윈(win-win) 상황이 일어날 수 있고, 반대 상황이 일어날 수도 있다.

노이만은 게임 이론과 관련하여 위험에 대한 기준을 '맥시민(maximin)'과 '미니맥스(minimax)', 그리고 '맥시맥스(maximax)' 등으로 언급하였다. '맥시민'은 제로섬 게임에 적용될 수 있는 기준으로, 불확실한 상황에서 안전을 생각하는 전략이다. 어떤 일을 결정할 때에 최악의 경우를 가정하고 그런 상황에서 얻을 수 있는 이익이 가장 많은 쪽을 선택한다는 것이다. 돌다리도 두드려 보고 건너는 격이다. '미니맥스'는 어떤 선택을 했을 때 예상되는 손해를 따져본 다음 그 손해가 가장 적은 쪽을 선택한다는 전략이다. 손해가 적으면 당연히 이익이 많아질 것이므로 마찬가지로 안전을 중시하는 전략이다. 그리고 '맥시맥스'는 위험을 고려하지 않고 최대 이윤을 내려고 하는 전략이다. 이런 기준들은 위험에 대한 태도와 관련이 있으므로 여러 가지 상황에 적용할 수 있다.

① O×퀴즈에서 서로 다른 답을 고른 두 친구가 점심을 걸고 내기를 한 경우

② 경쟁 관계에 있는 두 통신 업체가 기존의 통신망을 공유하여 비용을 줄인 경우

③ 한 동네에 있는 두 빵가게가 지나친 가격 인하 경쟁을 벌이다가 서로 큰 손실을 본 경우

④ 선거를 앞둔 두 정당이 연합을 하여 경쟁력이 있는 단일 후보를 내세우고 공동 선거 운동을 하는 경우

9. 다음은 국민건강보험 요양급여의 기준에 관한 규칙 제3조이다. 이를 제대로 이해한 것은?

국민건강보험 요양급여의 기준에 관한 규칙(시행 : 2016.8.4.)
제3조(요양급여의 신청)

① 가입자등이 요양기관에 요양급여를 신청하는 때에는 건강보험증 또는 신분증명서를 제출하여야 한다. 이 경우 가입자등이 요양급여를 신청한 날(가입자등이 의식불명 등 자신의 귀책사유 없이 건강보험증 또는 신분증명서를 제시하지 못한 경우에는 가입자등임이 확인된 날로 한다)부터 14일 이내에 건강보험증 또는 신분증명서를 제출하는 경우에는 요양급여를 신청한 때에 건강보험증 또는 신분증명서를 제출한 것으로 본다. 〈개정 2009.7.31., 2015.5.29.〉

② 제1항에도 불구하고 가입자등이 건강보험증 또는 신분증명서를 제출하지 못하는 경우에는 가입자등 또는 요양기관은 「국민건강보험법」(이하 "법"이라 한다) 제13조에 따른 국민건강보험공단(이하 "공단"이라 한다)에 자격확인을 요청할 수 있으며, 요청을 받은 공단은 자격이 있는지의 여부를 확인하여 이를 별지 제1호서식의 건강보험자격확인통보서에 의하거나 전화, 팩스 또는 정보통신망을 이용하여 지체 없이 해당 가입자등 또는 요양기관에 통보하여야 한다. 〈개정 2009.7.31., 2010.12.23., 2012.8.31.〉

③ 제2항에 따라 자격확인을 통보받은 경우에는 자격확인을 요청한 때에 건강보험증 또는 신분증명서를 제출한 것으로 본다. 〈개정 2009.7.31.〉

④ 요양기관은 건강보험증 또는 신분증명서를 제출하지 못하는 가입자등이 손쉽게 공단에 자격확인을 요청할 수 있도록 공단의 전화번호 등을 안내하거나 요양기관의 진료접수창구에 이를 게시하여야 한다. 〈개정 2009.7.31.〉

---

① 가입자 등이 의식불명 등으로 건강보험증 또는 신분증명서를 제시하지 못한 경우에는 가입자 등임이 확인된 날부터 14일 이내에 제출해야 한다.

② 요양기관에 요양급여를 신청할 때 요양급여를 신청한 날의 다음날부터 14일 이내에 건강보험증이나 신분증명서를 제출해야 한다.

③ 가입자 등 또는 요양기관에 의해 자격확인요청을 받은 공단은 자격이 있는지의 여부를 확인하여 반드시 전화로 통보하여야 한다.

④ 공단은 가입자 등이 손쉽게 공단에 자격확인을 요청할 수 있도록 공단의 전화번호 등을 안내하거나 요양기관의 진료접수창구에 이를 게시하여야 한다.

10. 다음은 거래처의 바이어가 건넨 명함이다. 이를 보고 알 수 없는 것은?

International Motor

Dr. Yi Ching CHONG
Vice President

8 Temasek Boulevard, #32-03 Suntec Tower 5
Singapore 038988, Singapore
T. 65 6232 8788, F. 65 6232 8789

---

① 호칭은 Dr. CHONG이라고 표현해야 한다.

② 싱가포르에서 온 것을 알 수 있다.

③ 호칭 사용시 Vice President, Mr. Yi라고 불러도 무방하다.

④ 싱가포르에서 왔으므로 그에 맞는 식사를 대접한다.

(가) 자기소개서 작성 개요

- 작문 상황 : ○○ 향토 문화원 대학생 해설 인턴에 지원
- 목적 : 선발 담당자에게 나를 알림 ····· ⓐ
- 예상 독자 분석 : 대학생 해설 인턴 선발 담당자는 나의 학교생활이 궁금할 것임 ····· ⓑ
- 내용 생성
  - 나에게 가장 의미 있는 활동 경험 ····· ⓒ
  - 나의 성장 배경 ····· ⓓ
- 조직 방법 : 경험의 목록을 나열하며 제시함

(나) 자기소개서 작성을 위한 A와 B의 대화

A : ○○ 향토 문화원에서 우리 지역의 향토 문화를 설명해 줄 대학생 해설 인턴을 모집한대. 관심 있는 분야라 지원하고 싶어서 자기소개서 작성을 구상해 보았는데 잘 안 돼. 이 메모를 좀 봐 줘.

B : (메모를 확인한 후) 음, 단순히 자기를 알리는 것만으로는 목적으로서 좀 부족한 것 같아. 네가 해설 인턴 선발 담당자라면 어떤 점이 궁금할 것 같아? 단순히 학교생활을 궁금해 할까?

A : 해설 인턴을 선발해야 하는 입장이라면······. 아, 내가 해설 인턴으로 적합한지가 궁금하겠지.

B : 그럼 해설 인턴으로 적합하다는 것이 무슨 뜻일까? 공고문의 내용을 잘 고려해 봐.

A : 공고문에 따르면 대학생을 해설 인턴으로 선발해서 중·고등학생에게 지역의 향토 문화를 설명해 주는 활동을 하게 한 대.

B : 향토 문화를 해설하려면 향토 문화에 대한 관심이나 이해 정도, 설명 능력이 필요할 것 같고, 해설 대상인 중·고등학생과의 친화력도 중요할 거야. 이런 점을 어떻게 드러낼 수 있을까?

A : 음, 그러면 역사 문화 연구 동아리 활동, 보고서 발표 대회 참가 경험, 복지 센터 보조 교사 활동, 학생회 봉사 부장 활동, 나의 성장 배경을 쓰면 좋겠는데.

B : 그것들을 모두 쓰지 말고 필요한 것들을 선별해서 활용하면 좋을 거야.

A : 그러면 우리나라 역사와 문화를 탐구하고 지역의 문화재를 탐방했던 역사 문화 연구 동아리, 청중들로부터 큰 호응을 얻었던 보고서 발표 대회, 중·고등학생의 학업을 도와줬던 복지 센터 보조 교사 활동을 쓰면 되겠네. 그럼, 선택한 내용을 어떻게 조직하면 좋을까?

B : 단순히 너의 경험들을 나열하기보다는 경험의 의의를 경험내용과 연관 지어 조직하면 글의 의도가 잘 전달될 거야. 그리고 글 전체를 처음, 중간, 끝부분으로 나누고 중간 부분 에서 경험과 관련된 내용들을 쓰면 좋겠어.

A : 고마워. 이제 열심히 써 볼게.

11. (나)를 고려할 때, (가)의 ⓐ~ⓓ에 대한 조정 방안으로 적절하지 않은 것은?

① ⓐ : 선발 담당자에게 자신이 대학생 해설 인턴으로 적합함을 보이는 것으로 목적을 구체화한다.

② ⓑ : 공고문을 토대로 예상 독자의 주된 관심사를 대학생 해설 인턴으로서의 요건 충족 여부로 재설정한다.

③ ⓒ : '의미 있는 활동' 중 대학생 해설 인턴으로서의 자질을 보여 줄 수 있는 활동에 초점을 맞춘다.

④ ⓓ : 자신의 친화력을 드러낼 수 있는 소재로 성장 배경 대신 교우 관계에 초점을 맞춘다.

12. (나)를 고려하여 중간 부분 을 작성하려 할 때 내용을 구체화하기 위한 방법으로 적절하지 않은 것은?

	[경험]		[내용 구체화 방안]
①	역사 문화 연구 동아리 활동	→	동아리 활동으로 우리나라 역사와 문화를 탐구하는 과정에서 얻은 지식을 우리 지역의 역사와 문화에도 적용할 수 있는 안목을 갖게 되었음을 서술한다.
②	역사 문화 연구 동아리 활동	→	동아리에서 지역 문화재를 탐방하는 활동을 진행하면서 자연스럽게 우리 지역의 향토 문화에 대하여 관심을 갖게 되었음을 서술한다.
③	보고서 발표 대회 참가	→	보고서 발표를 준비하면서 기른 설명 능력이 우리 지역의 문화를 쉽게 설명할 수 있는 능력으로 이어질 것임을 서술한다.
④	복지 센터 보조 교사 활동	→	보조 교사 활동을 학업과 병행하면서 겪었던 어려움을 호소함으로써 문화 해설 인턴 활동에서 겪을 수 있는 어려움을 충분히 극복할 수 있음을 서술한다.

13. 다음 글의 주제로 가장 적절한 것을 고른 것은?

> 유럽의 도시들을 여행하다 보면 여기저기서 벼룩시장이 열리는 것을 볼 수 있다. 벼룩시장에서 사람들은 낡고 오래된 물건들을 보면서 추억을 되살린다. 유럽 도시들의 독특한 분위기는 오래된 것을 쉽게 버리지 않는 이런 정신이 반영된 것이다.
>
> 영국의 옥스팜(Oxfam)이라는 시민단체는 헌옷을 수선해 파는 전문 상점을 운영해, 그 수익금으로 제3세계를 지원하고 있다. 파리 시민들에게는 유행이 따로 없다. 서로 다른 시절의 옷들을 예술적으로 배합해 자기만의 개성을 연출한다.
>
> 땀과 기억이 배어 있는 오래된 물건은 실용적 가치만으로 따질 수 없는 보편적 가치를 지닌다. 선물로 받아서 10년 이상 써 온 손때 묻은 만년필을 잃어버렸을 때 느끼는 상실감은 새 만년필을 산다고 해서 사라지지 않는다. 그것은 그 만년필이 개인의 오랜 추억을 담고 있는 증거물이자 애착의 대상이 되었기 때문이다. 그러기에 실용성과 상관없이 오래된 것은 그 자체로 아름답다.

① 서양인들의 개성은 시대를 넘나드는 예술적 가치관으로부터 표현된다.

② 만년필은 선물해준 사람과의 아름다운 기억과 오랜 추억이 담긴 물건이다.

③ 실용적 가치보다 보편적인 가치를 중요시해야 한다.

④ 오래된 물건은 실용적 가치만으로 따질 수 없는 개인의 추억과 같은 보편적 가치를 지니기에 그 자체로 아름답다.

14. 다음 중 직장 내 화법에 대한 예시로 가장 부적절한 것은?

① 직함 없는 동료끼리 남녀 구분 없이 'ㅇㅇㅇ씨'라고 불렀다.

② 같은 직함이지만 나이가 많은 동료에게 'ㅇㅇㅇ선배님'이라고 불렀다.

③ 상사의 남편을 'ㅇ선생님', 'ㅇㅇㅇ선생님'이라 불렀다.

④ 아버지의 성함을 소개할 때 "저희 아버님의 함자는 ㅇ자 ㅇ자이십니다."라고 말했다.

15. 다음 대화 중 주체 높임 표현이 쓰이지 않은 것은?

> 경미 : 원장 선생님께서는 어디 가셨나요?
> ㉠ 서윤 : 독감 때문에 병원에 가신다고 아까 나가셨어요.
> ㉡ 경미 : 맞다. 며칠 전부터 편찮으시다고 하셨지.
> ㉢ 서윤 : 연세가 많으셔서 더 힘드신가 봐요.
> ㉣ 경미 : 요즘은 약이 좋아져서 독감도 쉽게 낫는다고 하니 다행이지요.

① ㉠　　　　　　　　② ㉡

③ ㉢　　　　　　　　④ ㉣

16. 다음 중 설득력 있는 의사표현으로 옳지 않은 것은?

① 이번에도 결과가 좋지 않으면 나나 자네나 지방으로 발령이 날지도 모르네. 우리 좀 더 애써보세.

② (회의 내내 말이 없던 박 대리에게) 박 대리는 이 의견에 대해서 어떻게 생각하나?

③ 자네의 의견보다는 내 의견이 좀 더 타당해 보이는군. 그렇지 않은가?

④ 지금까지 애써 왔지만 보다 완벽한 것이 될 수 있도록 한 번 더 노력해 주기를 바라네.

17. 다음 중 올바른 태도로 의사소통을 하고 있지 않은 사람은?

① 종민 : 상대방이 이해하기 쉽게 표현한다.

② 찬연 : 상대방이 어떻게 받아들일 것인가를 고려한다.

③ 백희 : 정보의 전달에만 치중한다.

④ 세운 : 의사소통의 목적을 알고 의견을 나눈다.

18. 다음 ㉠~㉣을 고쳐 쓰기 위한 방안으로 적절하지 않은 것은?

> 매년 장마철이면 한강에서 ㉠수만 마리의 물고기가 떼죽음을 당합니다. 공장폐수와 생활하수를 흘려보내는 시민들의 탓만은 아닙니다. ㉡그래서 자연은 더 이상 인간의 무분별한 파괴를 너그럽게 ㉢묵인해주지 않습니다. ㉣또한 장마로 인한 호우 피해의 복구 또한 제대로 이뤄지지 않고 있습니다. 우리 모두가 사태의 심각성을 깨닫고, 자연과 조화하는 삶의 태도를 지녀야 하는 것입니다.

① ㉠의 '마리'는 수를 세는 단위이므로 붙여 써야겠어.

② ㉡은 접속어의 사용이 잘못되어 문장의 연결이 어색해. '하지만'으로 고치는 게 좋겠어.

③ ㉢은 '모르는 체하고 하려는 대로 내버려 둠으로써 슬며시 인정함'이라는 뜻으로 단어의 사용이 잘못되었어.

④ ㉣은 글의 통일성을 저해하니 삭제해야겠어.

19. 다음은 A회사 내 장애인봉사회의 월례회 안내문 초안이다. 작성한 내용을 고쳐 쓰기 위한 방안으로 적절하지 않은 것은?

> 제10회 월례회 안내
> 회원님들의 무궁한 발전을 기원합니다.
> A회사 내 발전과 친목을 도모하기 위한 장애인봉사회가 그동안 여러 회원님들의 관심과 성원으로 나날이 발전하고 있습니다. 회원님들과 함께 월례회를 갖고자 합니다. 바쁘시더라도 부디 참석하시어 미비한 점이 있다면 보완해 나갈 수 있도록 좋은 의견 부탁드리겠습니다.
> – 아래 –
> 1. 일시 : 2016년 00월 00일 00시
> 2. 장소 : 별관 10F 제2회의실
>
>   장애인봉사회 회장 ㅇㅇㅇ

① 회의의 주요 안건에 대해 제시한다.

② 담당자의 연락처를 추가한다.

③ 안내문 마지막에 '감사합니다'를 추가한다.

④ '회장 ㅇㅇㅇ'을 작성자의 이름으로 대체한다.

20. 강연의 내용을 고려할 때 ㉠에 대한 대답으로 가장 적절한 것은?

> 여러분 안녕하세요. 저는 타이포그래피 디자이너 ㅇㅇㅇ입니다. 이렇게 사내 행사에 초청받아 타이포그래피에 대해 소개하게 되어 무척 기쁩니다.
> 타이포그래피는 원래 인쇄술을 뜻했지만 지금은 그 영역이 확대되어 문자로 구성하는 디자인 전반을 가리킵니다. 타이포그래피에는 언어적 기능과 조형적 기능이 있는데요, 그 각각을 나누어 말씀드리겠습니다.
> 먼저 타이포그래피의 언어적 기능은 글자 자체가 가지고 있는 의미전달에 중점을 두는 기능을 말합니다. 의미를 정확하게 전달하기 위해서는 가독성을 높이는 일이 무엇보다 중요하지요. (화면의 '작품1'을 가리키며) 이것은 여러분들도 흔히 보셨을 텐데요, 학교 앞 도로의 바닥에 적혀 있는 '어린이 보호 구역'이라는 글자입니다. 운전자에게 주의하며 운전하라는 의미를 전달해야 하므로 이런 글자는 무엇보다도 가독성이 중요하겠지요? 그래서 이 글자들은 전체적으로 크면서도 세로로 길게 디자인하여 운전 중인 운전자에게 글자가 쉽게 인식될 수 있도록 제작한 것입니다.
> 이어서 타이포그래피의 조형적 기능을 살펴보겠습니다. 타이포그래피의 조형적 기능이란 글자를 재료로 삼아 구체적인 형태의 외형적 아름다움을 전달하는 기능을 말합니다. (화면의 '작품2'를 가리키며) 이 작품은 '등'이라는 글씨의 받침 글자 'ㅇ'을 전구 모양으로 만들었어요. 그리고 받침 글자를 중심으로 양쪽에 사선을 그려 넣고 사선의 위쪽을 검은색으로 처리했어요. 이렇게 하니까 마치 갓이 씌워져 있는 전등에서 나온 빛이 아래쪽을 환하게 밝히고 있는 그림처럼 보이지요. 이렇게 회화적 이미지를 첨가하면 외형적 아름다움뿐만 아니라 글자가 나타내는 의미까지 시각화하여 전달할 수 있습니다.
> (화면의 '작품3'을 가리키며) 이 작품은 '으'라는 글자 위아래를 뒤집어 나란히 두 개를 나열했어요. 그러니까 꼭 사람의 눈과 눈썹을 연상시키네요. 그리고 'ㅇ' 안에 작은 동그라미를 세 개씩 그려 넣어서 눈이 반짝반짝 빛나고 있는 듯한 모습을 표현했습니다. 이것은 글자의 의미와는 무관하게 글자의 형태만을 활용하여 제작자의 신선한 발상을 전달하기 위한 작품이라고 할 수 있습니다.
> 지금까지 작품들을 하나씩 보여 드리며 타이포그래피를 소개해 드렸는데요, 한번 정리해 봅시다. (화면에 '작품1', '작품2', '작품3'을 한꺼번에 띄워 놓고) ㉠좀 전에 본 작품들은 타이포그래피의 어떤 기능에 중점을 둔 것일까요?

① '작품1'은 운전자가 쉽게 읽을 수 있도록 글자를 제작하였으므로 타이포그래피의 언어적 기능에 중점을 둔 것이라 할 수 있습니다.

② '작품2'는 글자가 나타내는 의미와 상관없이 글자를 작품의 재료로만 활용하고 있으므로 타이포그래피의 조형적 기능에 중점을 둔 것이라 할 수 있습니다.

③ '작품3'은 회화적 이미지를 활용하여 글자의 외형적 아름다움을 표현했으므로 타이포그래피의 언어적 기능에 중점을 둔 것이라 할 수 있습니다.

④ '작품1'과 '작품2'는 모두 글자의 색을 화려하게 사용하여 의미를 정확하게 전달하고 있으므로 타이포그래피의 언어적 기능에 중점을 둔 것이라 할 수 있습니다.

21. 다음 ↓ 표시된 곳의 숫자에서부터 시계방향으로 진행하면서 숫자와의 관계를 고려하여 빈칸에 들어갈 알맞은 숫자를 고르면?

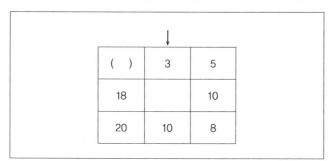

( )	3	5
18		10
20	10	8

① 20
② 22
③ 24
④ 26

22. 작년까지 A시의 지역 축제에서 A시민에게는 60% 할인된 가격으로 입장료를 판매하였는데 올해부터는 작년 가격에서 각각 5,000원씩 추가 할인하여 판매하기로 했다. 올해 일반 성인입장료와 A시민 성인입장료의 비가 5 : 2일 때, 올해 일반 성인입장료는 얼마인가?

① 9,000원
② 9,500원
③ 10,000원
④ 10,500원

23. 병호가 집에서 출발하여 집으로부터 6km 떨어진 공원까지 가는데 처음에는 매분 60m의 빠르기로 걷다가 도중에 편의점부터는 매분 110m의 빠르기로 달려서 1시간 10분 만에 공원에 도착했다. 집에서 편의점까지 걸린 시간으로 옳은 것은?

① 34분
② 35분
③ 36분
④ 37분

24. 다음에 제시된 도시철도운영기관별 교통약자 편의시설에 대한 표를 참고할 때, 표의 내용을 올바르게 이해한 것은? (단, 한 역에는 한 종류의 편의시설만 설치된다)

구분	A도시철도 운영기관		B도시철도 운영기관		C도시철도 운영기관	
	설치 역수	설치 대수	설치 역수	설치 대수	설치 역수	설치 대수
엘리베이터	116	334	153	460	95	265
에스컬레이터	96	508	143	742	92	455
휠체어리프트	28	53	53	127	50	135

① 세 도시철도운영기관의 평균 휠체어리프트 설치 대수는 100개 미만이다.
② 총 교통약자 편의시설의 설치 역당 설치 대수는 A도시철도운영기관이 가장 많다.
③ C도시철도운영기관의 교통약자 편의시설 중, 설치 역당 설치 대수는 엘리베이터가 가장 많다.
④ 휠체어리프트의 설치 역당 설치 대수는 C도시철도운영기관이 가장 많다.

25. 다음은 어느 카페의 메뉴판이다. 오늘의 커피와 단호박 샌드위치를 먹으려할 때, 세트로 구매하는 것은 단품으로 시키는 것보다 얼마가 더 저렴한가?

⟨메뉴⟩		
음료	오늘의 커피	3,000
	아메리카노	3,500
	카페라떼	4,000
	생과일주스	4,000
샌드위치	하우스 샌드위치	5,000
	단호박 샌드위치	5,500
	치즈듬뿍 샌드위치	5,500
	베이컨토마토 샌드위치	6,000
수프	콘수프	4,500
	감자수프	5,000
	브로콜리수프	5,000

세트 7,000 = 오늘의 커피 + 하우스 샌드위치 or 콘수프 중 택1
※ 커피종류는 변경할 수 없음
※ 샌드위치 또는 수프 변경 시 가격의 차액만큼 추가

① 500원
② 1,000원
③ 1,500원
④ 2,000원

다음은 우리나라 각 지역의 경제활동인구, 경제활동참가율, 실업률이다. 다음을 보고 물음에 답하시오.

(단위 : 천 명, %)

행정 구역	경제활동인구			경제활동참가율			실업률		
	남	여	전체	남	여	전체	남	여	전체
서울 특별시	2,968	2,360	5,329	72.4	52.9	62.2	3.6	3.6	3.6
부산 광역시	963	760	1,723	67.9	49.2	58.2	3.4	3.1	3.3
대구 광역시	736	538	1,274	73.0	49.9	61.0	2.8	3.3	3.0
인천 광역시	918	661	1,579	75.9	53.4	64.5	4.8	4.4	4.7
광주 광역시	434	333	766	70.2	50.8	60.2	3.0	2.7	2.8
대전 광역시	465	341	806	73.5	51.8	62.4	3.1	2.1	2.7
울산 광역시	378	204	582	76.4	43.7	60.5	1.8	3.0	2.2

※ 경제활동참가율(%) = (경제활동인구 ÷ 만 15세 이상 인구) × 100
※ 실업률(%) = (실업자 ÷ 경제활동인구) × 100

26. 위의 표를 바탕으로 실업자 수를 구한 것으로 옳지 않은 것은?

① 인천광역시 여성 실업자 수 : 약 29,000명
② 대전광역시 여성 실업자 수 : 약 7,000명
③ 부산광역시 남성 실업자 수 : 약 22,000명
④ 광주광역시 남성 실업자 수 : 약 13,000명

27. 위의 표에 대한 설명으로 옳은 것은?

① 대전광역시보다 울산광역시의 전체 실업자 수가 더 많다.
② 전체 경제활동참가율이 높을수록 전체 경제활동인구가 많다.
③ 인천광역시는 경제활동참가율이 남녀 모두에서 가장 높다.
④ 남녀 실업률에서 가장 많이 차이가 나는 지역은 울산광역시이다.

28. 다음 표는 우리나라의 기대수명과 고혈압 및 당뇨 유병률, 비만율에 대한 표이다. 이에 대한 설명으로 옳은 것은?

(단위 : 세, %)

	2007	2008	2009	2010	2011	2012	2013
기대수명	79.6	80.1	80.5	80.8	81.2	81.4	81.9
고혈압 유병률	24.6	26.3	26.4	26.9	28.5	29	27.3
당뇨 유병률	9.6	9.7	9.6	9.7	9.8	9	11
비만율	31.7	30.7	31.3	30.9	31.4	32.4	31.8

① 고혈압 유병률과 당뇨 유병률은 해마다 증가하고 있다.
② 고혈압 유병률의 변동은 2011년에 가장 크게 나타났다.
③ 당뇨 유병률의 변동은 1% 이상 나타나지 않는다.
④ 비만율의 증감은 증가 또는 감소와 같이 일정한 방향성이 없다.

❙29~30❙ 다음 표는 성, 연령집단 및 교육수준별 삶의 만족도에 관한 표이다. 다음 표를 보고 물음에 답하시오.

		2003	2006	2009	2011	2012	2013
전체	전체	20.4	28.9	20.9	24.1	33.3	34.1
	만족도 점수	4.7	4.8	4.6	4.9	5.4	5.5
성별	남자	21	29.4	22.3	24.4	33.6	34.6
	여자	19.9	28.5	19.5	23.9	33	33.6
연령집단	20세 미만	25.5	35.9	23.8	36.1	47.8	48
	20 ~29세	22.9	31.1	23	26.1	36.1	38.9
	30 ~39세	23.1	33	24.1	26.1	36.4	39.6
	40 ~49세	18.8	28.1	22.5	25.7	34.2	36
	50 ~59세	16.4	24.3	19.4	21.1	28.5	27.5
	60세 이상	16.3	22.9	13.6	14.5	23.6	22.1
교육수준	초졸 이하	14.6	21	10.7	16.2	25.8	24.7
	중졸	17.1	25.7	17.1	22.1	31.1	28.8
	고졸	19	26.5	17.7	20.8	30.4	29.9
	대졸 이상	29.6	39.4	31.6	33	41.5	45.4

(단위 : %)

* 만족도 : "귀하의 생활을 전반적으로 고려할 때 현재 삶에 어느 정도 만족하십니까?"라는 질문에 대하여 "매우 만족"과 "약간 만족"의 응답비율을 합한 것
* 만족도점수 : "매우 만족"에 10점, "약간 만족"에 7.5점, "보통"에 5점, "약간 불만족"에 2.5점, "매우 불만족"에 0점을 부여하여 산출한 응답 평균 점수

29. 위의 표에 대한 설명으로 옳지 않은 것은?

① 대체로 교육수준이 높을수록 삶의 만족도가 높다.
② 대체로 연령이 낮을수록 삶의 만족도가 높다.
③ 20세 미만의 경우 2013년에는 거의 과반수가 "매우 만족" 또는 "약간 만족"이라고 응답했다.
④ 전체집단의 삶의 만족도는 점점 증가하고 있다.

30. 2012년 응답 대상자 중 여자가 24,965천 명이라고 한다면, 2012년 응답 대상자 중 질문에 대하여 "매우 만족"과 "약간 만족"에 응답한 여자는 총 몇 명인가?

① 8,238,440명
② 8,238,450명
③ 8,238,460명
④ 8,238,470명

31. 다음 〈표〉는 암환자를 대상으로 한 임상실험결과에 대한 자료이다. 이에 대한 〈보기〉의 설명 중 옳지 않은 것을 모두 고르면?

〈표〉 투여약에 따른 암환자의 생존·사망자 수

(단위 : 명)

구분 / 투여약	조기 암환자		말기 암환자		전체 암환자	
	생존자	사망자	생존자	사망자	생존자	사망자
A	18	12	2	8	20	20
B	7	3	9	21	16	24

*생존율(%) = $\dfrac{생존자\ 수}{생존자\ 수 + 사망자\ 수} \times 100$

*사망률(%) = 100 − 생존율

〈보기〉
㉠ A약을 투여한 전체 암환자의 생존율은 50%이고, B약을 투여한 전체 암환자의 생존율은 40%이다.
㉡ 조기 암환자와 말기 암환자 모두 A약 투여 시의 생존율이 B약 투여 시의 생존율에 비해 10%p 낮다.
㉢ A약을 투여한 조기 암환자와 말기 암환자의 생존율 차이는 B약을 투여한 조기 암환자와 말기 암환자의 생존율 차이보다 크다.

① ㉠
② ㉡
③ ㉢
④ ㉡㉢

32. 다음은 여성의 취업에 대한 설문 조사 결과를 정리한 표이다. 이에 대한 옳은 설명만을 있는 대로 고른 것은?

(단위 : %)

구분	2009년	2014년		
		전체	여성	남성
찬성	85.5	83.8	86.6	80.8
혼인 전까지만	8.7	4.8	4.0	5.8
자녀 성장 후	43.2	41.7	40.2	43.3
가사 일에 관계없이	48.1	53.5	55.8	50.9
소계	100.0	100.0	100.0	100.0
반대	8.7	9.3	8.0	10.7
모름/무응답	5.8	6.9	5.4	8.5
합계	100.0	100.0	100.0	100.0

ⓐ 2009년의 경우 혼인 전까지만 여성의 취업을 찬성하는 응답자와 여성 취업을 반대하는 응답자 수는 같다.
ⓑ 2014년의 경우 자녀 성장 후 맞벌이를 희망하는 응답자 비율은 남성이 여성보다 많다.
ⓒ 2014년의 경우 가사 일에 관계없이 여성 취업을 찬성하는 남성 응답자 수는 전체 남성 응답자의 절반을 넘지 못한다.
ⓓ 2009년에 비해 2014년에는 여성 취업을 찬성하는 응답자 중에서 혼인이나 자녀 양육을 고려하는 응답자의 비율은 감소하였다.

① ⓐⓑ 　　　　　② ⓑⓒ
③ ⓒⓓ 　　　　　④ ⓐⓑⓓ

33. 다음은 우리나라 여성과 남성의 연령대별 경제 활동 참가율에 대한 그래프이다. 이에 대한 설명으로 옳은 것은?

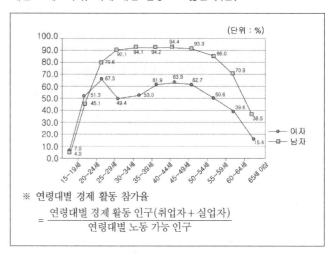

※ 연령대별 경제 활동 참가율
= 연령대별 경제 활동 인구(취업자 + 실업자) / 연령대별 노동 가능 인구

① 15~24세 남성보다 여성의 경제 활동 참여 의지가 높을 것이다.
② 59세 이후 여성의 경제 활동 참가율의 감소폭이 남성보다 크다.
③ 35세 이후 50세 이전까지 모든 연령대에서 남성보다 여성의 경제 활동 인구 수의 증가가 많다.
④ 25세 이후 여성의 그래프와 남성의 그래프가 다르게 나타나는 것의 원인으로 출산과 육아를 들 수 있다.

❚34~36❚ 다음의 표는 어느 공공단체 구성원의 영어와 인사 평가 점수, 그리고 가산점을 부여하는 정보처리기사 필기시험 점수를 나타낸 것이다. 이 자료를 보고 물음에 답하라.

[표 1] 인사 평가 점수 분포도

점수	100점	80점 이상 ~100점 미만	60점 이상 ~80점 미만	40점 이상 ~60점 미만	20점 이상 ~40점 미만	0점 이상 ~20점 미만	합계
인원수	(A)	14	15	(B)	3	5	51
상대도수	0.078	0.275	0.294	0.196	0.059	0.098	1.000

[표 2] 영어와 인사 평가 성정(5점 평가) 상관표

인사평가 \ 영어	1	2	3	4	5
1		3	1		
2	1		㉠	2	
3		2	9	㉡	3
4	4		5	4	2
5				3	2

[표 3] 정보처리기사 필기 시험 점수 차이

구분	경민	진수	명훈	장우	진희	윤미
점수 차	0	+2	-2	+10	-3	-1

34. (A)와 (B)에 들어갈 숫자는? (단, 상대도수, 즉, 상대평가도수는 소수점 셋째자리까지 기입한다)

	(A)	(B)
①	2	12
②	4	10
③	5	9
④	6	8

35. 정보처리기사 필기시험점수가 68점인 경민을 기준으로 할 때, 경민을 포함한 진수, 명훈, 장우, 진희, 윤미의 평균점은 몇 점인가?

① 65점
② 66점
③ 67점
④ 69점

36. 영어 성적이 3인 구성원들의 인사 평가 성적 평균이 2.8이다. ㉠은 얼마인가? (단, 소수점 첫째 자리에서 반올림한다)

① 7명
② 8명
③ 9명
④ 10명

37. 다음은 지역보험료에 대한 설명이다. 나연이가 연 소득 500만원 초과 세대라고 할 때, 다음 중 옳지 않은 것은?(단, 보험료 산정 시점은 2016년 9월이며, 나연이의 소득 점수는 780점, 재산 점수는 44점, 자동차 점수는 4점이다.)

> 지역보험료
>
> ㉠ 보험료 산정방법
> • 건강보험료 = 보험료 부과점수 × 점수당 금액
> • 장기요양보험료 = 건강보험료 × 장기요양보험료율
>
> ㉡ 보험료 부과점수의 기준
> • 소득 점수(75등급) : 이자소득, 배당소득, 사업소득, 근로소득, 연금소득, 기타소득
> • 재산 점수(50등급) : 주택, 건물, 토지, 선박, 항공기, 전월세
> • 자동차 점수(7등급, 28구간)
> • 생활수준 및 경제활동참가율 점수(30등급)
> • 연 소득 500만원 이하 세대 : 생활수준 및 경제활동참가율 점수 + 재산 점수 + 자동차 점수
> • 연 소득 500만원 초과 세대 : 소득 점수 + 재산 점수 + 자동차 점수
>
> ㉢ 연도별 건강보험료 부과점수당금액 및 장기요양보험료율
>
> | 적용기간 | 부과점수당금액 | 장기요양보험료율 |
> |---|---|---|
> | 2013.1 ~ 2013.12 | 172.7원 | 6.55% |
> | 2014.1 ~ 2014.12 | 175.6원 | 6.55% |
> | 2015.1 ~ 2015.12 | 178원 | 6.55% |
> | 2016.1 ~ | 179.6원 | 6.55% |
>
> ㉣ 건강보험료 경감 종류 및 경감률
> • 섬·벽지 경감 : 50%
> • 농어촌 경감 : 22%
> ※ 농어업인 경감 : 28%(농림축산식품부에서 국고지원)
> • 세대 경감 : 10 ~ 30%(노인, 장애인, 한부모가족 세대 등 세대경감 사유가 중복될 경우 유리한 경감률 하나만 적용)
> • 재해 경감 : 30 ~ 50%
> • 경감 종류가 중복될 경우 최대 경감률은 50%임
> • 섬·벽지 경감 ⇒ 농어촌경감(농어업인경감) ⇒ 세대경감 순으로 적용
>
> ㉤ 건강보험료 면제 사유
> • 국외 체류(여행·업무 등으로 1월 이상 체류하고 국내 거주 피부양자가 없는 경우), 현역병 등으로 군 복무, 교도소 기타 이에 준하는 시설에 수용
>
> ㉥ 장기요양보험료 경감 사유 및 경감률
> • 등록장애인(1~2급), 희귀난치성질환자(6종) : 30%

① 나연이의 건강보험료는 약 148,700원이다.

② 나연이의 장기요양보험료는 약 9,700원이다.

③ 나연이가 농어촌 경감 대상자라면 건강보험료는 약 115,900원이다.

④ 나연이의 건강보험료는 면제 대상이 아닌 경우에 7만 원 이하의 금액이 나올 수 있다.

38~39 다음은 아동·청소년의 인구변화에 관한 표이다. 물음에 답하시오.

(단위 : 명)

연령 \ 연도	2000년	2005년	2010년
전체 인구	44,553,710	45,985,289	47,041,434
0~24세	18,403,373	17,178,526	15,748,774
0~9세	6,523,524	6,574,314	5,551,237
10~24세	11,879,849	10,604,212	10,197,537

38. 다음 중 표에 관한 설명으로 가장 적절한 것은?

① 전체 인구수가 증가하는 이유는 0~9세 아동 인구 때문이다.

② 전체 인구 중 25세 이상보다 24세 이하의 인구수가 많다.

③ 전체 인구 중 10~24세 사이의 인구가 차지하는 비율은 변화가 없다.

④ 전체 인구 중 24세 이하의 인구가 차지하는 비율이 지속적으로 감소하고 있다.

39. 다음 중 비율이 가장 높은 것은?

① 2000년의 전체 인구 중에서 0~24세 사이의 인구가 차지하는 비율

② 2005년의 0~24세 인구 중에서 10~24세 사이의 인구가 차지하는 비율

③ 2010년의 전체 인구 중에서 0~24세 사이의 인구가 차지하는 비율

④ 2000년의 0~24세 인구 중에서 10~24세 사이의 인구가 차지하는 비율

40. 표준 업무시간이 80시간인 업무를 각 부서에 할당해 본 결과, 다음과 같은 표를 얻었다. 어느 부서의 업무효율이 가장 높은가?

부서명	투입인원(명)	개인별 업무시간(시간)	회의	
			횟수(회)	소요시간 (시간/회)
A	2	41	3	1
B	3	30	2	2
C	4	22	1	4
D	3	27	2	1

※ 1) 업무효율 = $\frac{\text{표준 업무시간}}{\text{총 투입시간}}$

2) 총 투입시간은 개인별 투입시간의 합임.
개인별 투입시간 = 개인별 업무시간 + 회의 소요시간

3) 부서원은 업무를 분담하여 동시에 수행할 수 있음.

4) 투입된 인원의 업무능력과 인원당 소요시간이 동일하다고 가정함.

① A   ② B

③ C   ④ D

41. 인턴사원인 대형씨는 사내 연락망을 살펴보는 과정에서 직통번호에 일정 규칙이 있다는 것을 발견하였다. 대형씨가 이 규칙을 메모해 두고 좀 더 쉽게 번호를 암기하기로 하였다고 할 때, 다음 중 메모한 내용으로 적절한 것은?

대형씨는 서원각 출판사의 편집팀 인턴사원으로 입사하였다. 대형씨는 선임 직원으로부터 다음과 같은 사내 연락망을 전달받았다.

〈사내 연락망〉

편집기획팀(대표번호 : 5420)		편집지원팀(대표번호 : 6420)	
이름	직통	이름	직통
김수미 팀장	5400	김기남 팀장	6400
오수정	5421	하나유 대리	6410
경대식	5420	고길동	6412
디자인팀(대표번호 : 7420)		오구리	6420
정나래 팀장	7400		
강월래	7421		
도사다	7420		

서원각 출판사 (TEL : 070-123-직통번호)
• 당겨받기 : 수화기 들고 # + 당겨받기 버튼
• 사내통화 : 내선번호
• 돌려주기 : 돌려주기 버튼 +내선번호+#+연결확인 후 끊기
• 전화 받았을 때 : 안녕하십니까? 수험서의 명가 서원각 출판사 ○○팀 ○○○입니다.

		직통번호의 숫자	규칙
070-123-□□□□	① 첫 번째 자리 숫자	부서코드
① ② ③ ④	② 두 번째 자리 숫자	근속연수코드
	③ 세 번째 자리 숫자	회사코드
	④ 네 번째 자리 숫자	직위코드

42. 다음 주어진 표를 보고 단기계약을 체결한 은영이네가 납부해야 할 수도요금으로 옳은 것은?

요금단가
원/m³

구분	계	기본요금	사용요금
원수	233.7	70.0	163.7
정수	432.8	130.0	302.8
침전수	328.0	98.0	230.0

단기계약

구분		내용
계약기간		1년 이내, 계약량 변경(6회/년) 가능
요금		기본요금 + 사용요금
계산방법	기본요금	계약량×기본요금단가 ※ 사용량이 계약량을 초과하는 경우 기본요금은 월간사용량의 120% 한도액으로 적용
	사용요금	사용량×사용요금단가 ※ 월간계약량의 120%를 초과하여 사용한 경우 다음을 가산 사용요금단가×월간계약량의 120% 초과사용량

은영이네 수도사용량
• 원수 사용
• 월간계약량 100m³
• 월간사용량 125m³

① 22,552원 ② 26,876원
③ 29,681원 ④ 31,990원

43. 다음은 K공장의 사고 사례의 일부이다. 이를 해결하기 위한 예방 대책으로 적절한 것만을 〈보기〉에서 모두 고른 것은?

> 근로자 A 씨는 사업장 내 2층 창고에서 자재를 운반해야 했다. 작업의 편의상 안전 난간이 제거된 계단을 통해 앞이 잘 보이지 않을 정도로 자재를 높게 쌓아 운반하던 중, 바닥에 아무렇게나 놓인 파이프 렌치를 보지 못하고 밟아 넘어지면서 계단에서 아래로 떨어져 전치 6주의 사고를 당하였다.

> 〈보기〉
> ㉠ 작업장 및 주변에 3정 5S의 원칙을 적용한다.
> ㉡ 넘어지는 사고를 대비하여 주변에 지보공을 설치한다.
> ㉢ 물건을 옮길 때에는 시야를 확보한 후 이동하도록 교육한다.

① ㉠
② ㉡
③ ㉠㉢
④ ㉡㉢

44. 두 가지 직업을 동시에 가지는 사람들(일명 투잡)이 최근에 많아졌다. 지은, 수정, 효미는 각각 두 가지씩의 직업을 가지고 있는데 직업의 종류는 은행원, 화가, 소설가, 교사, 변호사, 사업가의 6가지이다. 세 명에 대하여 다음 사항을 알고 있을 때, 효미의 직업은 무엇인가?

> ㉠ 사업가는 은행원에게 대출 절차를 상담하였다.
> ㉡ 사업가와 소설가와 지은이는 같이 골프를 치는 친구이다.
> ㉢ 화가는 변호사에게서 법률적인 충고를 받았다.
> ㉣ 은행원은 화가의 오빠와 결혼하였다.
> ㉤ 수정은 소설가에게서 소설책을 빌렸다.
> ㉥ 수정과 효미는 화가와 어릴 때부터 친구였다.

① 교사, 소설가
② 은행원, 소설가
③ 변호사, 사업가
④ 교사, 변호사

45. 다음의 내용이 모두 참일 때, 결론이 타당하기 위해서 추가로 필요한 진술은?

> ㉠ 자동차는 1번 도로를 지나왔다면 이 자동차는 A마을에서 왔거나 B마을에서 왔다.
> ㉡ 자동차가 A마을에서 왔다면 자동차 밑바닥에 흙탕물이 튀었을 것이다.
> ㉢ 자동차가 A마을에서 왔다면 자동차의 모습을 담은 폐쇄회로 카메라가 적어도 하나가 있을 것이다.
> ㉣ 자동차가 B마을에서 왔다면 도로 정체를 만났을 것이고 적어도 한 곳의 검문소를 통과했을 것이다.
> ㉤ 자동차가 도로정체를 만났다면 자동차의 모습을 닮은 폐쇄회로 카메라가 적어도 하나가 있을 것이다.
> ㉥ 자동차가 적어도 검문소 한 곳을 통과했다면 자동차 밑바닥에 흙탕물이 튀었을 것이다.
> ∴ 따라서 자동차는 1번 도로를 지나오지 않았다.

① 자동차 밑바닥에 흙탕물이 튀었을 것이다.
② 자동차는 도로 정체를 만나지 않았을 것이다.
③ 자동차는 적어도 검문소 한 곳을 통과했을 것이다.
④ 자동차 모습을 담은 폐쇄회로 카메라는 하나도 없을 것이다.

46. 다음 제시된 전제에 따라 추론할 때 결론에 올 수 없는 것은?

> 건강보험관리공단의 지하 1층, 지상 4층짜리 건물에는 기획조정실, 고객지원실, 경영지원실, 건강증진실, 정보관리실이 있다.(단, 한 층에는 한 개의 부서만 있다).
> • 기획조정실은 고객지원실보다 세 층 위에 있다.
> • 고객지원실은 지상에 있다.
> • 건강증진실은 경영지원실 바로 아래층에 있다.
> • 그러므로 _____

① 제일 위층에는 기획조정실이 있다.
② 정보관리실은 지상 1층에 있다.
③ 3층에는 경영지원실이 있다.
④ 고객지원실은 경영지원실 두 층 아래에 있다.

47. 함께 여가를 보내려는 A, B, C, D, E 다섯 사람의 자리를 원형 탁자에 배정하려고 한다. 다음 글을 보고 옳은 것을 고르면?

- A 옆에는 반드시 C가 앉아야 된다.
- D의 맞은편에는 A가 앉아야 된다.
- 여가시간을 보내는 방법은 책읽기, 수영, 영화 관람이다.
- C와 E는 취미생활을 둘이서 같이 해야 한다.
- B와 C는 취미가 같다.

① A의 오른편에는 B가 앉아야 한다.
② B가 책읽기를 좋아한다면 E도 여가 시간을 책읽기로 보낸다.
③ B는 E의 옆에 앉아야 한다.
④ A와 D 사이에 C가 앉아있다.

48. A, B, C, D, E는 4시에 만나서 영화를 보기로 약속했다. 이들이 도착한 것이 다음과 같다면 옳은 것은?

- A 다음으로 바로 B가 도착했다.
- B는 D보다 늦게 도착했다.
- B보다 늦게 온 사람은 한 명뿐이다.
- D는 가장 먼저 도착하지 못했다.
- 동시에 도착한 사람은 없다.
- E는 C보다 일찍 도착했다.

① D는 두 번째로 약속장소에 도착했다.
② C는 약속시간에 늦었다.
③ A는 가장 먼저 약속장소에 도착했다.
④ E는 제일 먼저 도착하지 못했다.

49. 다음의 두 명제가 참일 때 다음 중 참인 것은?

명제 1 : 강아지를 좋아하는 사람은 자연을 좋아한다.
명제 2 : 나무를 좋아하는 사람은 자연을 좋아한다.

① 나무를 좋아하지 않는 사람은 강아지를 좋아한다.
② 자연을 좋아하는 사람은 강아지도 나무도 좋아한다.
③ 강아지를 좋아하는 사람은 나무를 좋아하지 않는다.
④ 자연을 좋아하지 않는 사람은 강아지도 나무도 좋아하지 않는다.

[50~52] 다음은 ○○냉장고의 사용설명서이다. 이를 읽고 물음에 답하시오.

사용 전 확인사항
사용 전에 꼭 한번 확인하세요. → 냉장고를 사용하시기 전에 다음 사항을 꼭 확인해 보세요. 안전하고 깨끗하게 사용할 수 있는 최선의 방법이 됩니다.

◉ 냉장고에서 플라스틱 냄새가 날 때
- 냉장고 문을 열고 환기를 시킨 후 가동시키세요.
- 냉장고를 처음 설치했을 때는 내부에서 플라스틱 냄새가 날 수 있습니다.
- 냄새가 날 수 있는 부착물 테이프류는 제거한 후 사용하세요.

◉ 사용 중 정전이 되었을 때
- 냉장고 문을 되도록 열지 마세요.
- 여름에 2~3시간 정도 전기가 들어오지 않아도 식품이 상하지 않습니다.

◉ 문제해결방법

증상	확인	처리
냉동, 냉장이 전혀 안돼요	• 전원플러그가 빠져 있지 않은가요? • 높은 온도로 조절되어 있는 것은 아닌가요? • 햇볕이 내리쬐는 곳이나 열기구 가까이 설치된 것은 아닌가요? • 냉장고 뒷면과 벽면이 너무 가까운 것은 아닌가요?	• 전원플러그를 다시 꽂아주세요. • 냉동실/냉장실 온도조절 버튼을 눌러 낮은 온도로 조절하세요. • 햇볕이 내리쬐는 곳, 열기구 있는 곳과 떨어진 곳에 설치하세요. • 뒷면, 옆면은 벽과 5cm 이상 간격을 띄우고 설치해 주세요.
냉장고 안에서 냄새가 나요	• 뚜껑을 덮지 않고 반찬을 보관한 것은 아닌가요? • 육류, 생어류, 건어물을 비닐포장 하지 않고 넣은 것은 아닌가요? • 너무 오랫동안 식품을 넣어둔 것은 아닌가요?	• 김치 등의 반찬류는 반드시 뚜껑을 덮거나 랩을 씌워 보관해 주세요. • 위생 비닐봉투에 넣고 묶어서 보관하세요. • 오래된 식품은 냄새가 날 수 있습니다.
얼음에서 냄새가 나요	• 수돗물로 얼음을 만든 것은 아닌가요? • 냉장고 안을 자주 닦지 않은 것은 아닌가요? • 얼음 그릇이 더러운 것은 아닌가요? • 선반에 음식물이 떨어진 것은 아닌가요?	• 가끔 소독약품 냄새가 날 수 있습니다. • 자주 닦지 않으면 냄새가 냉장고 안에 배게 됩니다. • 얼음 그릇을 깨끗이 닦아서 사용하세요. • 음식물이 떨어진 채 사용하면 나쁜 냄새가 날 수 있습니다.

50. 냉장고를 사용하다가 보니 냉동 및 냉장이 전혀 되지 않을 경우나 냉각이 약할 경우 해결할 수 있는 방법으로 가장 적절한 것은?

① 전원플러그를 다시 꽂아 본다.

② 냉동실/냉장실 온도조절 버튼을 눌러 높은 온도로 조절한다.

③ 뒷면과 옆면은 벽과 5mm 이상 간격을 두어 설치한다.

④ 서비스센터에 문의한다.

51. 냉동실에 얼려 놓은 얼음에서 냄새가 날 경우 이를 해결할 방법으로 가장 적절한 것은?

① 수돗물로 얼음을 만들면 냄새가 날 수 있으므로 정수기물을 사용한다.

② 오래된 식품은 반드시 버린다.

③ 얼음 그릇을 잘 닦아서 사용한다.

④ 냉장고 문에 음식물이 묻지 않았는지 확인 후 사용한다.

52. 냉장고를 사용하는 중 정전이 되었을 때 취해야 할 행동으로 가장 적절한 것은?

① 냉장고 문을 환기시킨 후 사용한다.

② 냉장고 문을 되도록 열지 않는다.

③ 냉장고 전원플러그를 뽑아 놓는다.

④ 서비스센터로 문의한다.

53. 민수, 영민, 민희 세 사람은 제주도로 여행을 가려고 한다. 제주도까지 가는 방법에는 고속버스→배→지역버스, 자가용→배, 비행기의 세 가지 방법이 있을 때 민수는 고속버스를 타기 싫어하고 영민이는 자가용 타는 것을 싫어한다면 이 세 사람이 선택할 것으로 생각되는 가장 좋은 방법은?

① 고속버스, 배

② 자가용, 배

③ 비행기

④ 지역버스, 배

| 54~55 | 다음 글을 읽고 물음에 답하시오.

○○통신회사 직원 K씨가 고객으로부터 걸려온 전화를 응대하고 있다. 고객은 K씨에게 가장 저렴한 통신비를 문의하고 있다.

K씨 : 안녕하십니까? ○○텔레콤 K○○입니다. 무엇을 도와드릴까요?

고객 : 네. 저는 저에게 맞는 통신비를 추천받고자 합니다.

K씨 : 고객님이 많이 사용하시는 부분이 무엇입니까?

고객 : 저는 통화는 별로 하지 않고 인터넷을 한 달에 평균 3기가 정도 사용합니다.

K씨 : 아, 고객님은 인터넷을 많이 사용하시는군요. 그럼 인터넷 외에 다른 서비스는 필요하신 부분이 없으십니까?

고객 : 저는 매달 컬러링을 바꾸고 싶습니다.

K씨 : 아, 그럼 매달 3기가 이상의 인터넷과 무료 컬러링이 필요하신 것입니까?

고객 : 네. 그럼 될 것 같습니다.

요금제명	무료 인터넷 용량	무료 통화 용량	무료 부가서비스	가격
35요금제	1기가	40분	없음	30,000원
45요금제	2기가	60분	없음	40,000원
55요금제	3기가	120분	컬러링 월 1회	50,000원
65요금제	4기가	180분	컬러링 월 2회	60,000원

※ 무료 통화용량 초과시 1분당 500원의 추가요금 부과

54. K씨가 고객에게 가장 적합하다고 생각하는 요금제는 무엇인가?

① 35요금제

② 45요금제

③ 55요금제

④ 65요금제

55. 만약 동일한 조건에서 고객이 통화를 1달에 3시간 30분 정도 사용한다고 한다면 이 고객에게 가장 적합한 요금제는 무엇인가?

① 35요금제

② 45요금제

③ 55요금제

④ 65요금제

56. 다음 내용을 보고 이루어질 수 있는 상황으로 옳은 것은?

왼쪽 길은 마을로 가고, 오른쪽 길은 공동묘지로 가는 두 갈래로 나누어진 길 사이에 장승이 하나 있는데, 이 장승은 딱 두 가지 질문만 받으며 두 질문 중 하나는 진실로, 하나는 거짓으로 대답한다. 또한 장승이 언제 진실을 얘기할지 거짓을 얘기할지 알 수 없다. 마을로 가기 위해 찾아온 길을 모르는 한 나그네가 규칙을 다 들은 후에 장승에게 다음과 같이 질문했다. "너는 장승이니?" 장승이 처음 질문에 대답한 후에 나그네가 다음 질문을 했다. "오른쪽 길로 가면 마을이 나오니?" 이어진 장승의 대답 후에 나그네는 한쪽 길로 사라졌다.

① 나그네가 길을 찾을 수 있을지 없을지는 알 수 없다.
② 장승이 처음 질문에 "그렇다."라고 대답하면 나그네는 마을을 찾아갈 수 없다.
③ 장승이 처음 질문에 "아니다."라고 대답하면 나그네는 마을을 찾아갈 수 없다.
④ 장승이 처음 질문에 무엇이라 대답하든 나그네는 마을을 찾아갈 수 있다.

57. 다음의 상황에서 옳은 것은?

다음은 자동차 외판원 A, B, C, D, E, F의 판매실적에 대한 진술이다.
• A는 B에게 실적에서 앞서 있다.
• C는 D에게 실적에서 뒤졌다.
• E는 F에게 실적에서 뒤졌지만, A에게는 실적에서 앞서 있다.
• B는 D에게 실적에서 앞서 있지만, E에게는 실적에서 뒤졌다.

① 외판원 C의 실적은 꼴지가 아니다.
② B의 실적보다 안 좋은 외판원은 3명이다.
③ 두 번째로 실적이 좋은 외판원은 B이다.
④ 실적이 가장 좋은 외판원은 F이다.

58. 어류 관련 회사에서 근무하는 H씨는 생선을 좋아해서 매일 갈치, 조기, 고등어 중 한 가지 생선을 구워 먹는다. 다음 12월 달력과 〈조건〉을 참고하여 〈보기〉에서 옳은 것을 모두 고른 것은?

12월						
일	월	화	수	목	금	토
			1	2	3	4
5	6	7	8	9	10	11
12	13	14	15	16	17	18
19	20	21	22	23	24	25
26	27	28	29	30	31	

〈조건〉
• 같은 생선을 연속해서 이틀 이상 먹을 수 없다.
• 매주 화요일은 갈치를 먹을 수 없다.
• 12월 17일은 조기를 먹어야 한다.
• 하루에 1마리의 생선만 먹어야 한다.

〈보기〉
㉠ 12월 한 달 동안 먹을 수 있는 조기는 최대 15마리이다.
㉡ 12월 한 달 동안 먹을 수 있는 갈치는 최대 14마리이다.
㉢ 12월 6일에 조기를 먹어야 한다는 조건이 추가된다면 12월 한 달 동안 갈치, 조기, 고등어를 1마리 이상씩 먹는다.

① ㉠   ② ㉡
③ ㉡㉢   ④ ㉠㉢

59. 서울 출신 두 명과 강원도 출신 두 명, 충청도, 전라도, 경상도 출신 각 1명이 다음의 조건대로 줄을 선다. 앞에서 네 번째에 서는 사람의 출신지역은 어디인가?

• 충청도 사람은 맨 앞 또는 맨 뒤에 선다.
• 서울 사람은 서로 붙어 서있어야 한다.
• 강원도 사람 사이에는 다른 지역 사람 1명이 서있다.
• 경상도 사람은 앞에서 세 번째에 선다.

① 서울   ② 강원도
③ 충청도   ④ 전라도

60. 제시된 자료는 복리후생 제도 중 직원의 교육비 지원에 대한 내용이다. 다음 중 (개)~(래) 직원 4명의 총 교육비 지원 금액은 얼마인가?

〈교육비 지원 기준〉
- 임직원 본인의 대학 및 대학원 학비 : 100% 지원
- 임직원 가족의 대학 및 대학원 학비
  - 임직원의 직계 존비속 : 80% 지원
  - 임직원의 형제 및 자매 : 50% 지원 (단, 직계 존비속 지원이 우선되며, 해당 신청이 없을 경우에 한하여 지급함)
  - 교육비 지원 신청은 본인 포함 최대 2인에 한한다.

〈교육비 신청내용〉
(개) 직원 – 본인 대학원 학비 3백만 원, 동생 대학 학비 2백만 원
(내) 직원 – 딸 대학 학비 2백만 원
(대) 직원 – 본인 대학 학비 3백만 원, 아들 대학 학비 4백만 원, 동생 대학원 학비 2백만 원
(래) 직원 – 본인 대학원 학비 2백만 원, 딸 대학 학비 2백만 원, 아들 대학원 학비 2백만 원, 동생 대학원 학비 3백만 원

① 14,400,000원
② 15,400,000원
③ 16,400,000원
④ 17,400,000원

✎ 직무시험(노인장기요양보험법)

61. 다음은 위반사실 등의 공표에 대한 설명이다. 빈칸에 들어갈 수 있는 내용이 아닌 것은?

보건복지부장관 또는 특별자치시장·특별자치도지사·시장·군수·구청장은 장기요양기관이 거짓으로 재가·시설 급여비용을 청구하였다는 이유로 제37조 또는 제37조의2에 따른 처분이 확정된 경우로서 다음 각 호의 어느 하나에 해당하는 경우에는 위반사실, 처분내용, 장기요양기관의 명칭·주소, 장기요양기관의 장의 성명, 그 밖에 다른 장기요양기관과의 구별에 필요한 사항으로서 대통령령으로 정하는 사항을 공표하여야 한다.
1. 거짓으로 청구한 금액이 (   )천만 원 이상인 경우
2. 거짓으로 청구한 금액이 장기요양급여비용 총액의 (   )분의 (   ) 이상인 경우

① 1
② 10
③ 100
④ 1,000

62. 다음은 본인부담금에 대한 설명이다. 빈칸에 들어갈 내용이 바르게 짝지어진 것은?

재가 및 시설 급여비용은 다음과 같이 수급자가 부담한다. 다만, 수급자 중 「의료급여법」에 따른 수급자는 그러하지 아니하다.
1. 재가급여 : 해당 장기요양급여비용의 100분의 (   )
2. 시설급여 : 해당 장기요양급여비용의 100분의 (   )

① 10, 15
② 15, 20
③ 20, 25
④ 25, 30

63. 장기요양요원지원센터의 업무가 아닌 것은?

① 가족요양비, 특례요양비 및 요양병원간병비의 지급기준 심의
② 장기요양요원에 대한 건강검진 등 건강관리를 위한 사업
③ 장기요양요원의 권리 침해에 관한 상담 및 지원
④ 장기요양요원의 역량강화를 위한 교육지원

64. 장기요양인정·장기요양등급·장기요양급여·부당이득·장기요양급여비용 또는 장기요양보험료 등에 관한 공단의 처분에 이의가 있는 자는 공단에 심사청구를 할 수 있다. 심사청구 기간에 대한 설명으로 옳은 것은?

① 처분이 있는 날부터 90일 이내에 문서로 하여야 한다.
② 처분이 있는 날부터 90일 이내에 구두 또는 문서로 하여야 한다.
③ 처분이 있음을 안 날부터 90일 이내에 문서로 하여야 한다.
④ 처분이 있는 날부터 120일 이내에 문서로 하여야 한다.

65. 거짓이나 그 밖의 부정한 방법으로 장기요양급여를 받거나 다른 사람으로 하여금 장기요양급여를 받게 한 자에게 처해지는 벌칙은?

① 1년 이하의 징역 또는 1천만 원 이하의 벌금
② 2년 이하의 징역 또는 2천만 원 이하의 벌금
③ 3년 이하의 징역 또는 3천만 원 이하의 벌금
④ 4년 이하의 징역 또는 4천만 원 이하의 벌금

66. 「노인장기요양보험법」에서 사용하는 '노인'의 기준이 되는 나이는?

① 55세   ② 60세

③ 65세   ④ 70세

67. 장기요양급여 제공의 기본원칙에 대한 설명으로 옳지 않은 것은?

① 장기요양급여는 노인등이 자신의 의사와 능력에 따라 최대한 자립적으로 일상생활을 수행할 수 있도록 제공하여야 한다.

② 장기요양급여는 노인등의 심신상태·생활환경과 노인등 및 그 가족의 욕구·선택을 종합적으로 고려하여 필요한 범위 안에서 이를 적정하게 제공하여야 한다.

③ 장기요양급여는 노인등이 장기요양기관에 입소하여 생활하면서 신체활동 지원 및 심신기능의 유지·향상을 위한 교육·훈련 등을 받는 시설급여를 우선적으로 제공하여야 한다.

④ 장기요양급여는 노인등의 심신상태나 건강 등이 악화되지 아니하도록 의료서비스와 연계하여 이를 제공하여야 한다.

68. 다음 빈칸에 들어갈 내용으로 적절한 것은?

> 국가는 장기요양기본계획을 수립·시행함에 있어서 노인뿐만 아니라 (   ) 등 일상생활을 혼자서 수행하기 어려운 모든 국민이 장기요양급여, 신체활동지원서비스 등을 제공받을 수 있도록 노력하고 나아가 이들의 생활안정과 자립을 지원할 수 있는 시책을 강구하여야 한다.

① 아동

② 여성

③ 차상위계층

④ 장애인

69. 다음 중 장기요양기본계획에 포함되어야 하는 사항이 아닌 것은?

① 연도별 장기요양급여 대상인원 및 재원조달 계획

② 연도별 장기요양기관 및 장기요양전문인력 관리 방안

③ 고령인구비율 및 노령화지수 추이

④ 장기요양요원의 처우에 관한 사항

70. 장기요양보험사업을 관장하는 주체는?

① 대통령

② 국무총리

③ 보건복지부장관

④ 국민건강보험공단

71. 장기요양보험료를 산정하는 식으로 옳은 것은?

① 「국민건강보험법」에 따라 산정한 보험료액 + 추가 또는 가산되는 비용 × 장기요양보험료율

② 「국민건강보험법」에 따라 산정한 보험료액 - 경감 또는 면제되는 비용 × 장기요양보험료율

③ 「국민건강보험법」에 따라 산정한 보험료액 + 추가 또는 가산되는 비용 ÷ 장기요양보험료율

④ 「국민건강보험법」에 따라 산정한 보험료액 - 경감 또는 면제되는 비용 ÷ 장기요양보험료율

72. 다음은 장기요양인정의 신청자격에 대한 설명이다. 빈칸에 들어갈 수 있는 내용이 아닌 것은?

> 장기요양인정을 신청할 수 있는 자는 노인등으로서 다음의 어느 하나에 해당하는 자격을 갖추어야 한다.
>
> 1. _____
>
> 2. _____

① 장기요양보험가입자

② 장기요양보험가입자의 피부양자

③ 의료급여수급권자

④ 생계급여수급권자

73. 공단이 장기요양인정 신청서를 접수한 때에 따라 소속 직원으로 하여금 조사하게 하여야 하는 사항이 아닌 것은?

① 신청인의 심신상태

② 신청인의 재정상태

③ 신청인에게 필요한 장기요양급여의 종류

④ 신청인에게 필요한 장기요양급여의 내용

74. 장기요양인정 신청의 조사가 완료된 때에 공단이 등급판정위원회에 제출해야 하는 서류가 아닌 것은?

① 조사결과서

② 신청서

③ 의사소견서

④ 공단견해서

75. 장기요양등급판정기간은 신청인이 신청서를 제출한 날부터 며칠 이내인가? (단, 기간 이내에 등급판정을 완료할 수 없는 부득이한 사유가 있는 경우는 제외한다)

① 15일

② 20일

③ 30일

④ 60일

76. 장기요양인정서를 작성할 경우 고려사항이 아닌 것은?

① 수급자의 장기요양등급

② 수급자의 생활환경

③ 수급자와 그 가족의 욕구

④ 시설급여를 제공하는 경우 장기요양기관의 재정 현황

77. 장기요양인정의 갱신 신청은 유효기간이 만료되기 며칠 전까지 완료하여야 하는가?

① 15일   ② 20일

③ 30일   ④ 60일

78. 다음 중 그 성격이 다른 하나는?

① 방문요양

② 주·야간보호

③ 단기보호

④ 가족요양비

79. 다음 중 특별현금급여의 종류가 아닌 것은?

① 가족요양비

② 가족생활비

③ 특례요양비

④ 요양병원간병비

80. 장기요양급여 제공의 시작점이 되는 날은 언제인가?

① 장기요양인정서와 개인별장기요양이용계획서가 공단에서 송부된 날

② 장기요양인정서와 개인별장기요양이용계획서가 수급자에게 도달한 날

③ 장기요양기관에 장기요양인정서와 개인별장기요양이용계획서를 제시한 날

④ 공단이 장기요양기관에 수급자의 대상여부를 확인·통보한 날